U0671574

陕西省考古研究院田野考古报告第 65 号

陕西省明长城资源调查报告

陕西省考古研究院　编著

第四册

文物出版社

图　　例

县政府驻地

乡、镇政府驻地

村庄

省界

地级市界

县界

乡、镇界

普通单线铁路

G307　国道及编码

S304　省道及编码

高速公路

县乡道

大车路

小路

河流：1. 常年双线河
　　　2. 常年单线河
　　　3. 地下河段

1. 中型水库
2. 不依比例尺的小型水库

泉

关

堡

土墙

山险

河险

蒙 古

内 蒙 古

巴彦淖尔市

包头市

黄 河

鄂尔多

乌海市

石嘴山市

嘉峪关
嘉峪关市

酒泉市

甘

张掖市

金昌市

银川市

银川

吴忠市

榆林市

武威市

胜金关

中卫市

宁夏回族自治区

青海湖

肃

白银市

固原市

庆阳市

延安市

青 海 省

西宁

兰州

定西市

平凉市

铜川市

陕

黄

河

省

天水市

宝鸡市

咸阳市

渭南市

西安

西

陇南市

嘉
陵
江

汉中市

安康市

省

四 川 省

湖

吉林省

长春

通辽市

四平市

辽源市

铁岭市
抚顺市
沈阳

阜新市
辽阳市 本溪市
辽 宁 省
鞍山市
盘锦市
营口市
丹东市

赤峰市

朝阳市

兰察布市

区

治

河

张家口市
慕田峪
京
市
北
北京
大同市
平型关

锦州市
葫芦岛市
秦皇岛市
山海关

辽东湾

承德市

廊坊市 天津市
唐山市

天津市

渤 海

大连市

威海市

保定市

省

沧州市

烟台市

忻州市

石家庄

衡水市

德州市
滨州市 东营市
潍坊市

河

淄博市

太原
阳泉市
晋中市

邢台市

邯郸市

聊城市
济南

莱芜市

青岛市

黄

海

安阳市

泰安市

山 东 省

长治市

濮阳市

黄

济宁市

日照市

晋城市

新乡市

菏泽市

枣庄市
临沂市

焦作市

开封市

商丘市
徐州市

连云港市

郑州

宿迁市

洛阳市

许昌市

平顶山市
周口市

漯河市

亳州市
宿州市

淮北市

淮安市
盐城市

江
苏
省

泰州市

河
南
省

南阳市

驻马店市

阜阳市

安
徽
省

蚌埠市

淮南市

滁州市

扬州市
镇江市
南京
常州市

图 例

关

堡

长城墙体

地图一　中国明长城分布图

1315

楼子营镇

马栅乡

旧县乡

长滩乡

长城

古自

五花城乡

治

河曲县

娘头乡

区

黄甫镇

蒲甫川堡

黄甫乡

海则庙乡

蒙

麻镇

巴塔湾关

清水营堡

清水乡

木瓜乡

木瓜园堡

内

古城乡

青梅近村堡

古

沙圪堵镇

哈镇

区

赵五家湾乡

王子梁堡

王子梁堡

敖斯润陶亥乡

自

庙沟门镇

引正通村堡

治

三道沟乡

新村村堡

上王则焉关

区

乌日图高勒乡

羊市塔镇

古

老高川乡

蒙

大昌汗乡

内

新庙镇

1316

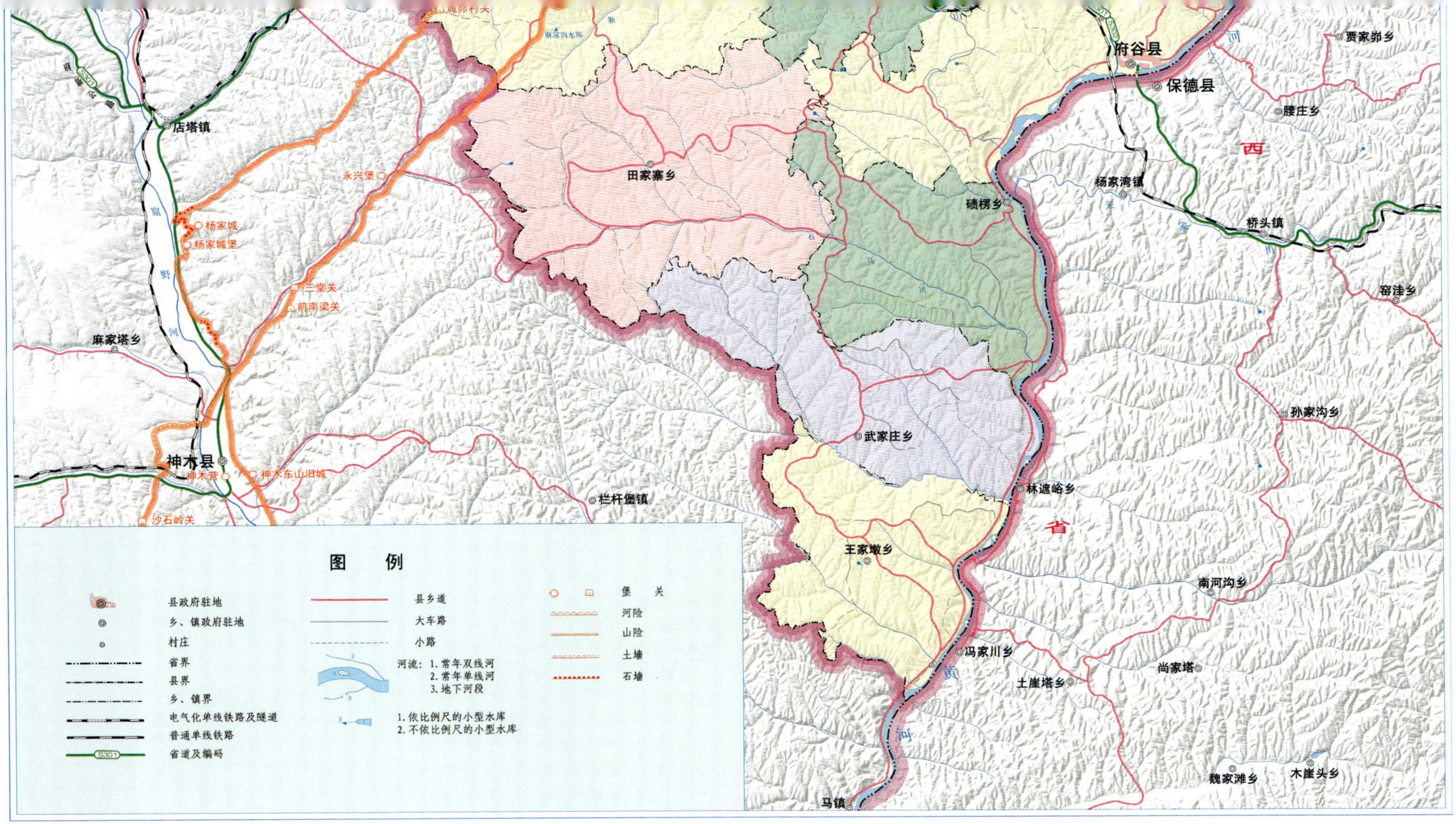

地图二　府谷县明长城分布图

0　3.2　6.4　9.6千米

县政府驻地
乡、镇政府驻地
村庄
省界
县界
乡、镇界
电气化单线铁路及隧道
普通单线铁路
省道及编号

图例

县乡道
大车路
小路
河流：1.常年双线河　2.常年单线河　3.地下河段
1.依比例尺的小型水库　2.不依比例尺的小型水库
堡
关
河险
山险
土墙
石墙

黄家弟乡　楼庄乡　溶洼乡　孙家沟乡　木瓜头乡
桥头镇　魏家滩乡
府谷县　保德县　南河沟乡
杨家海镇　尚家塔
碛塄乡　麻镇乡
武家庄乡　冯家川乡　土崖塔乡
王家墩乡
田家寨乡
栏杆堡镇
马镇

永兴堡口　神木东山旧城
三墩夫　前南梁夫
杨家城　杨家城墓
麻家塔乡　神木县
店塔镇　沙石峁夫

省

西

1317

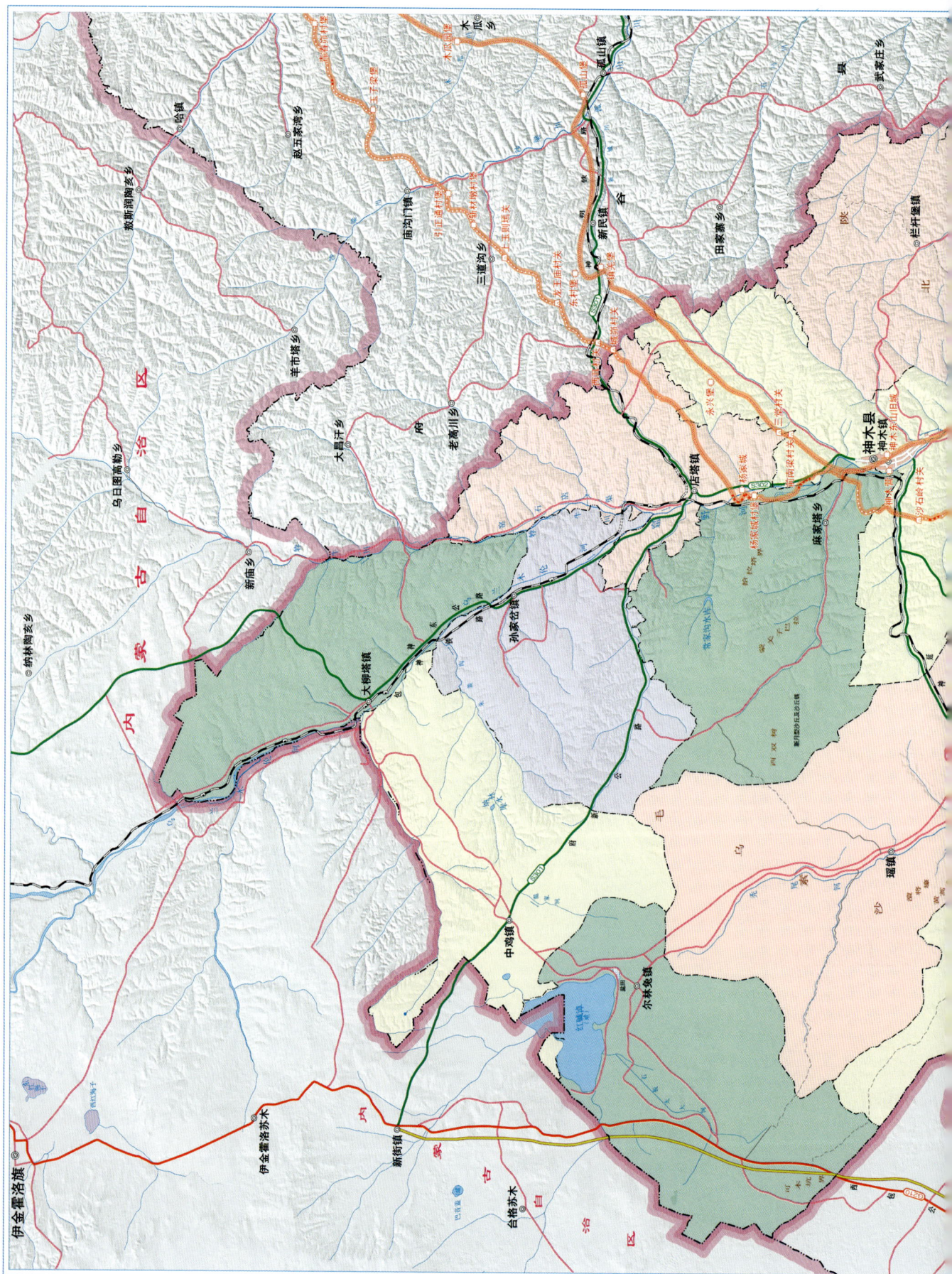

木瓜乡

赵家鸿乡

哈镇

孤山镇

武家庄乡

县

敖新润陶亥乡

庙沟门镇

引证通村委

新民镇

田家寨乡

陕

岩村堡镇

三道沟乡

羊市塔乡

神木东山旧城

神木县

北

乌日图高勒乡

大昌汗乡

府

老高川乡

店塔镇

杨家城

神木东山旧城

麻家塔乡

纳林陶亥乡

新庙乡

孙家岔镇

大柳塔镇

伊金霍洛旗

内

蒙

古

自

治

区

索

古

内

蒙

古

自

治

区

伊金霍洛苏木

新街镇

台格苏木

中鸡镇

尔林兔镇

红碱淖

瑶镇

沙

自

治

区

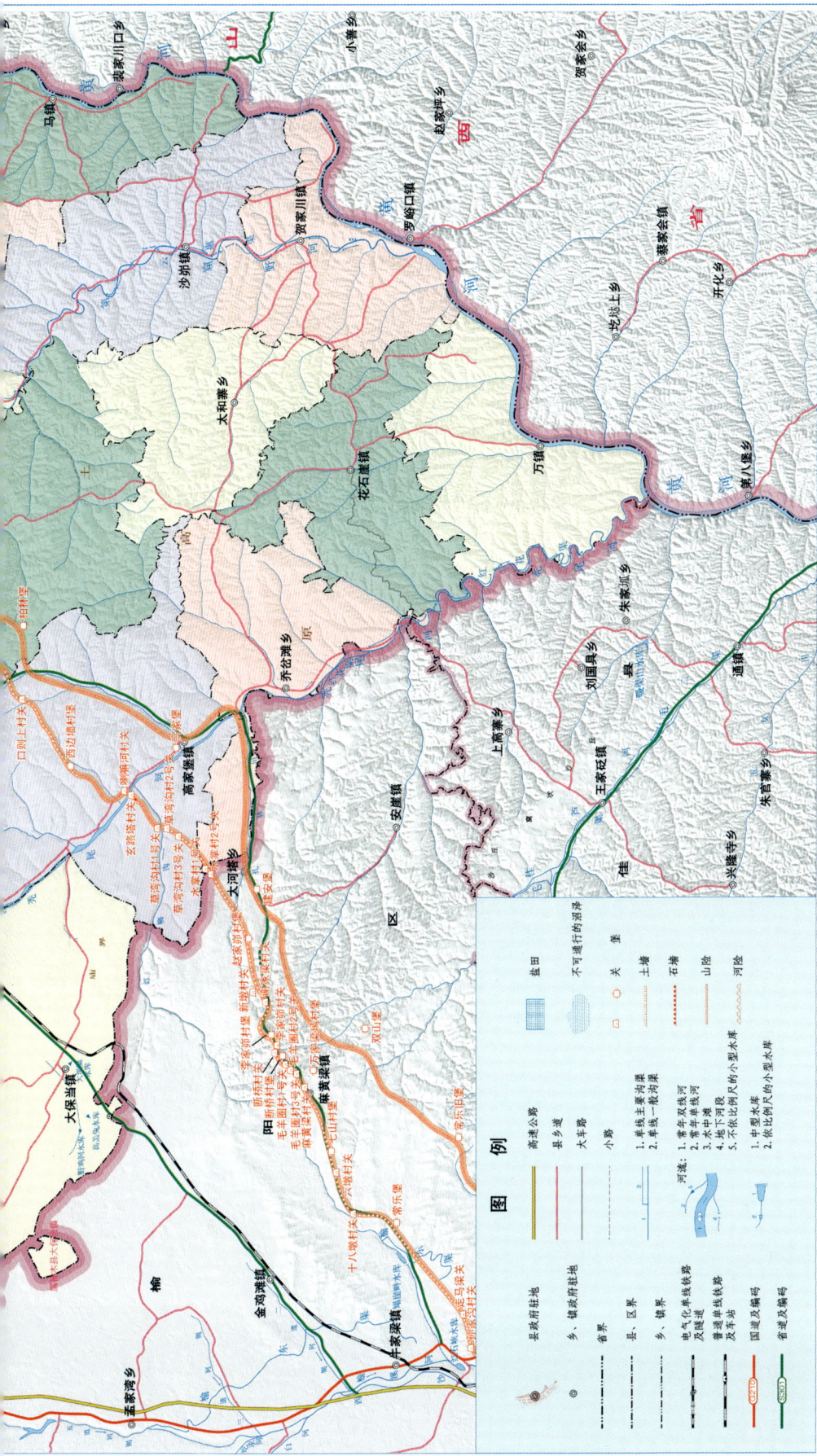

地图三　神木县明长城分布图

0　　5.1　　10.2　15.3 千米

图例

县政府驻地
镇政府驻地
乡、区界
县、区界
镇、乡界
省界
电气化单线铁路及隧道
普通单线铁路及车站
国道及编码
省道及编码

高速公路
县乡道
大车路
小路

河流：
1. 单线主要沟渠
2. 单线一般沟渠
1. 常年双线河
2. 常年单线河
3. 水中滩
4. 地下河段
5. 不依比例尺的小型水库

盐田
万顷
不可通行的沼泽
关
堡
土墙
石墙
山险
河险
1. 中型水库
2. 依比例尺的小型水库

主要地名

马镇　沙峁镇　大和寨乡　花石崖镇　万镇　罗峪口镇　贺家川镇
裴家川口乡　小壕乡　贺家乡　赵家畔乡　赛家会镇　开化乡　吃炭上乡
第八堡乡　通镇　朱吉寨乡　兴隆寺乡　王家砭镇　刘国具乡　朱家沟乡
上高寨乡　安崖镇　齐岔滩乡　高家堡镇　店塔镇　麻家梁镇　金鸡滩镇
大保当镇　孟家湾乡

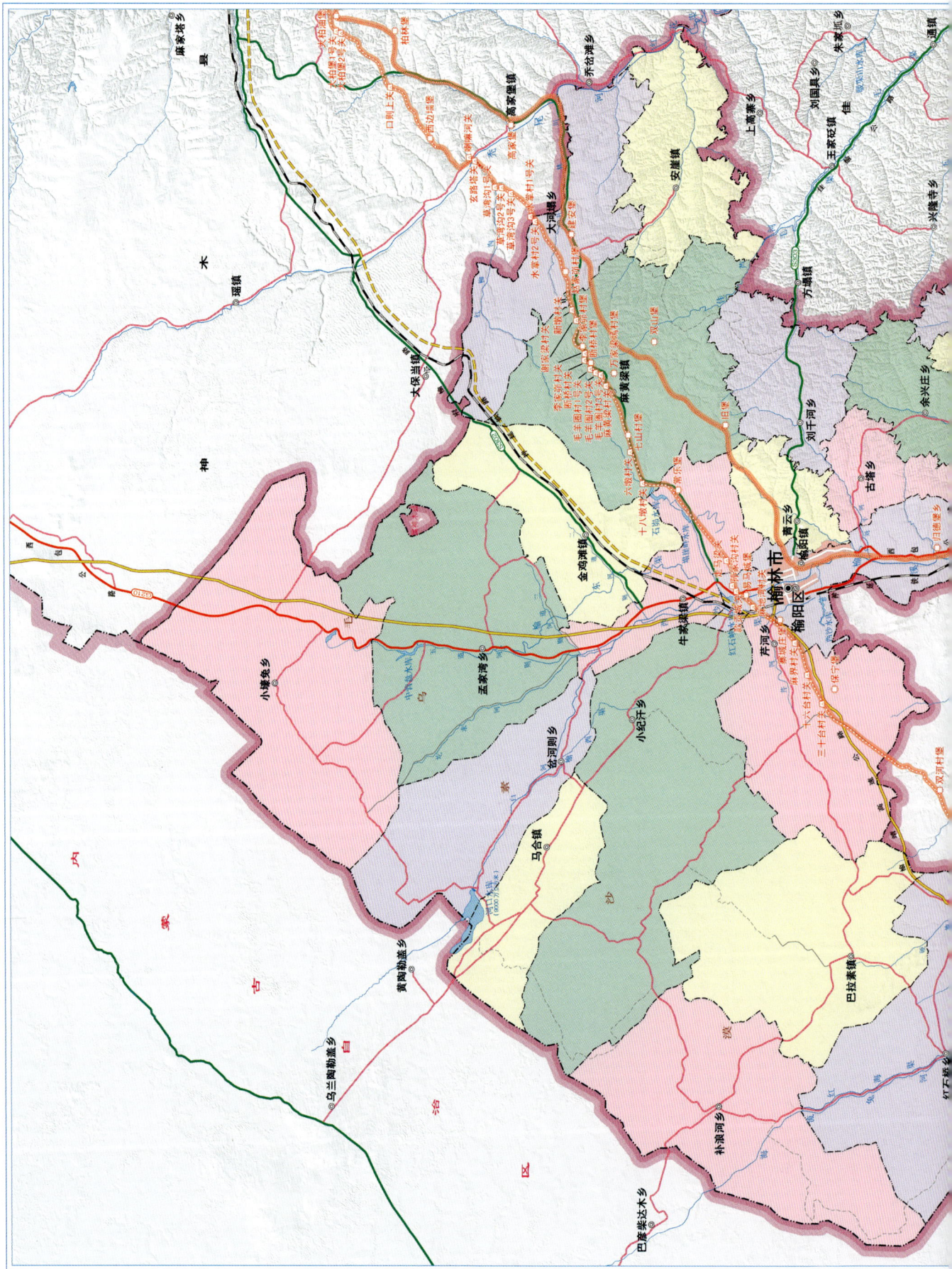

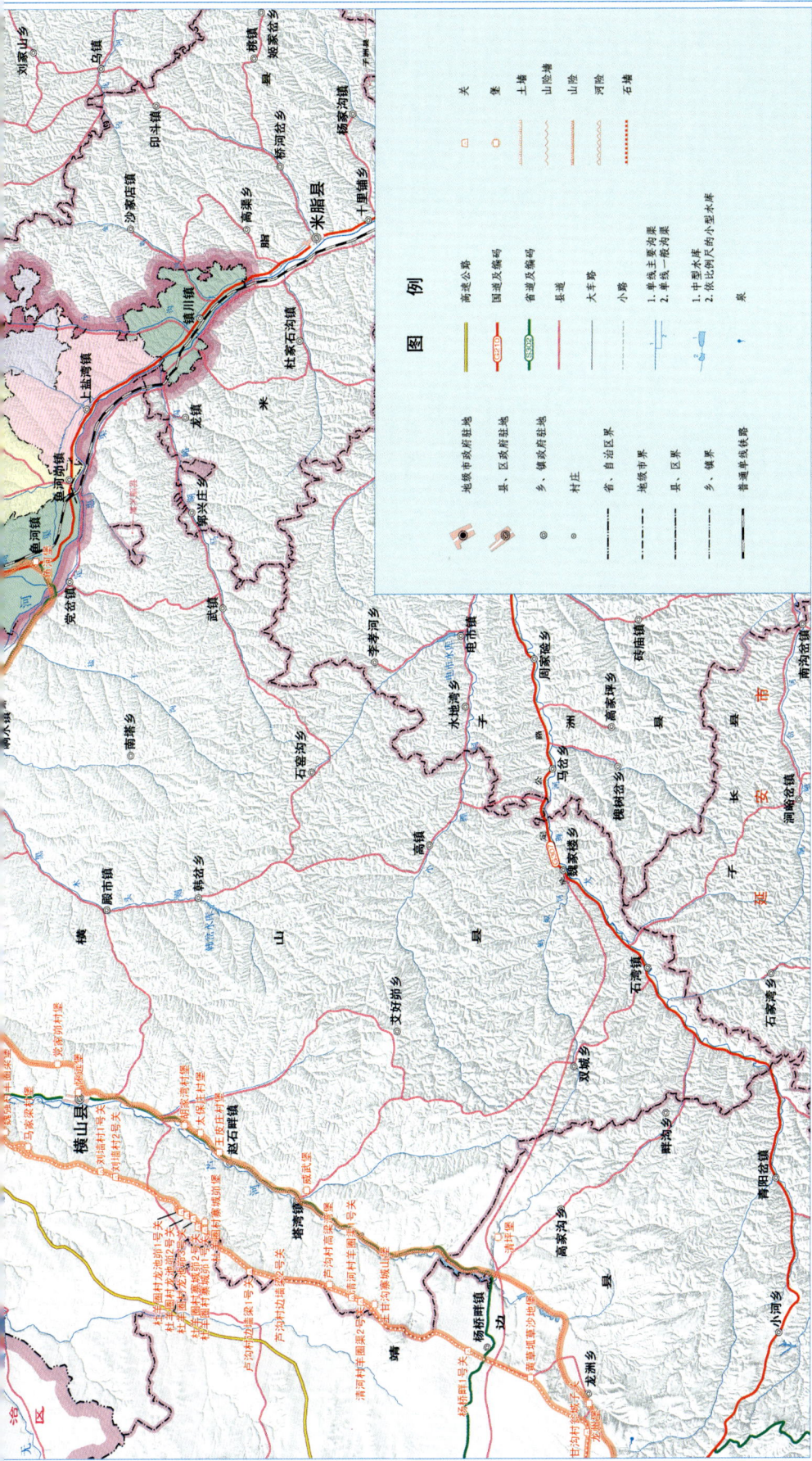

地图四　榆阳区明长城分布图

图例

高速公路	关
国道及编码 G210	堡
省道及编码 S306	土墙
县道	山险墙
大车路	山险
小路	河险
1. 单线主要沟渠 2. 单线一般沟渠	石墙
1. 中型水库 2. 依比例尺的小型水库	
泉	

地级市政府驻地	省、自治区界
县、区政府驻地	地级市界
乡、镇政府驻地	县、区界
村庄	乡、镇界
	普通单线铁路

0　5.8　11.6　17.4 千米

米脂县
镇川镇
上盐湾镇
鱼河峁镇
鱼河镇
党岔镇
武镇
乌镇
刘家山乡
印斗镇
沙家店镇
高渠乡
杨家沟镇
十里铺乡
杜家石沟镇
龙镇
郭兴庄乡
李家河乡
南塔乡
石窑沟乡
电市镇
周家硷乡
砖庙镇
殿市镇
韩岔乡
高镇
马岔乡
魏家楼乡
高家坪乡
赵家硷乡
河岔险镇
艾好峁乡
双城乡
石湾镇
石家湾乡
鲜沟乡
高家沟乡
青阳岔镇
小河乡
横山县
马家洼乡
响石镇
塔湾镇
殿市镇
杨桥畔镇
龙洲乡

1321

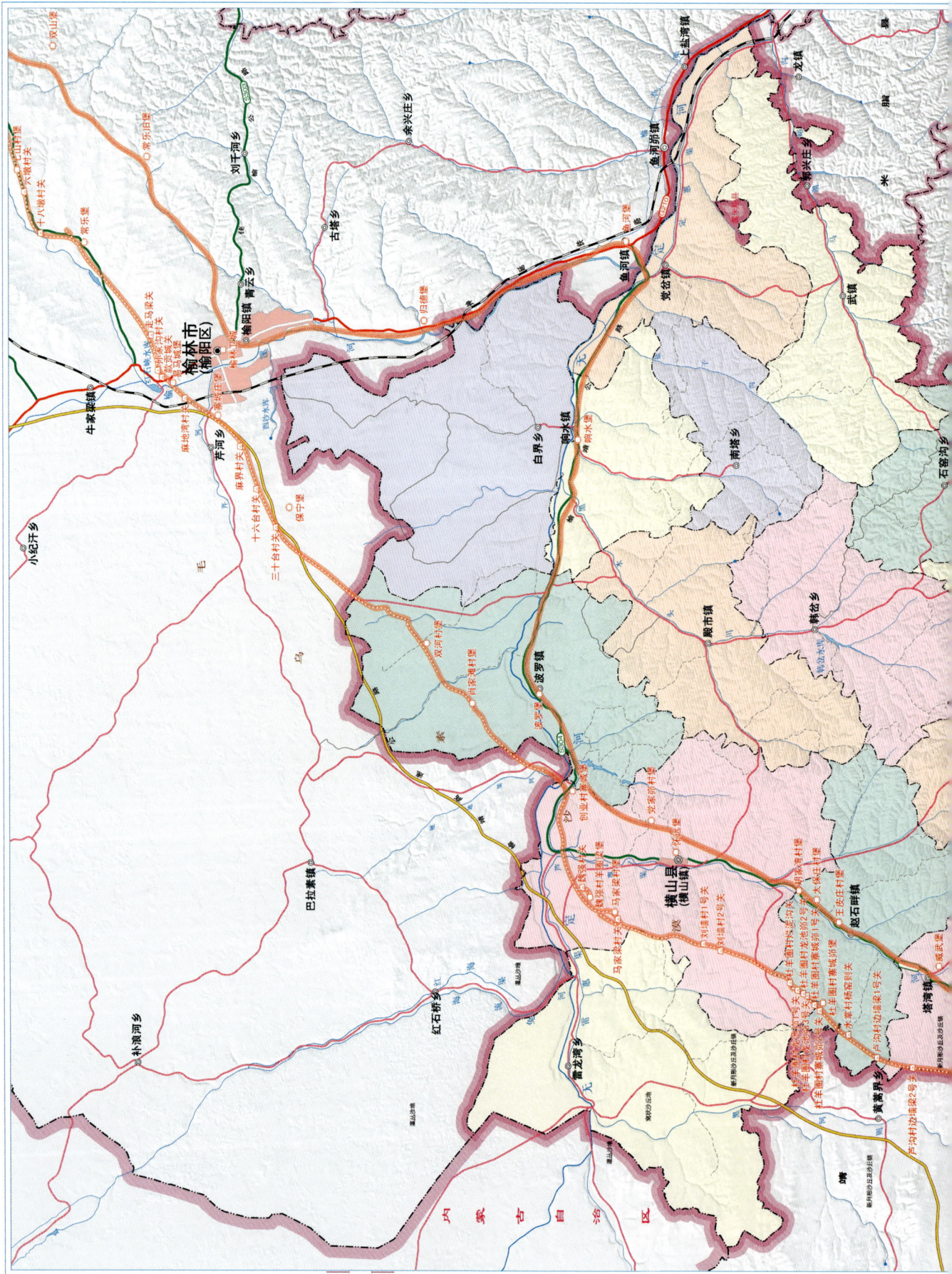

榆林市（榆阳区）

榆阳镇 青云乡 刘千河乡 鱼河峁镇 上盐湾镇 龙镇

镇 武镇

小纪汗乡 芹河乡 鱼河镇 党岔镇 南塔乡 石窑沟乡

牛家梁镇 白界乡 响水镇 殿市镇 林岔乡

波罗镇 横山县（横山镇）

巴拉素镇 堵家峁镇 赵石畔镇

朴浪河乡 雷龙湾乡 武镇镇

红石桥乡 黄蒿界乡

内 蒙 古 自 治 区

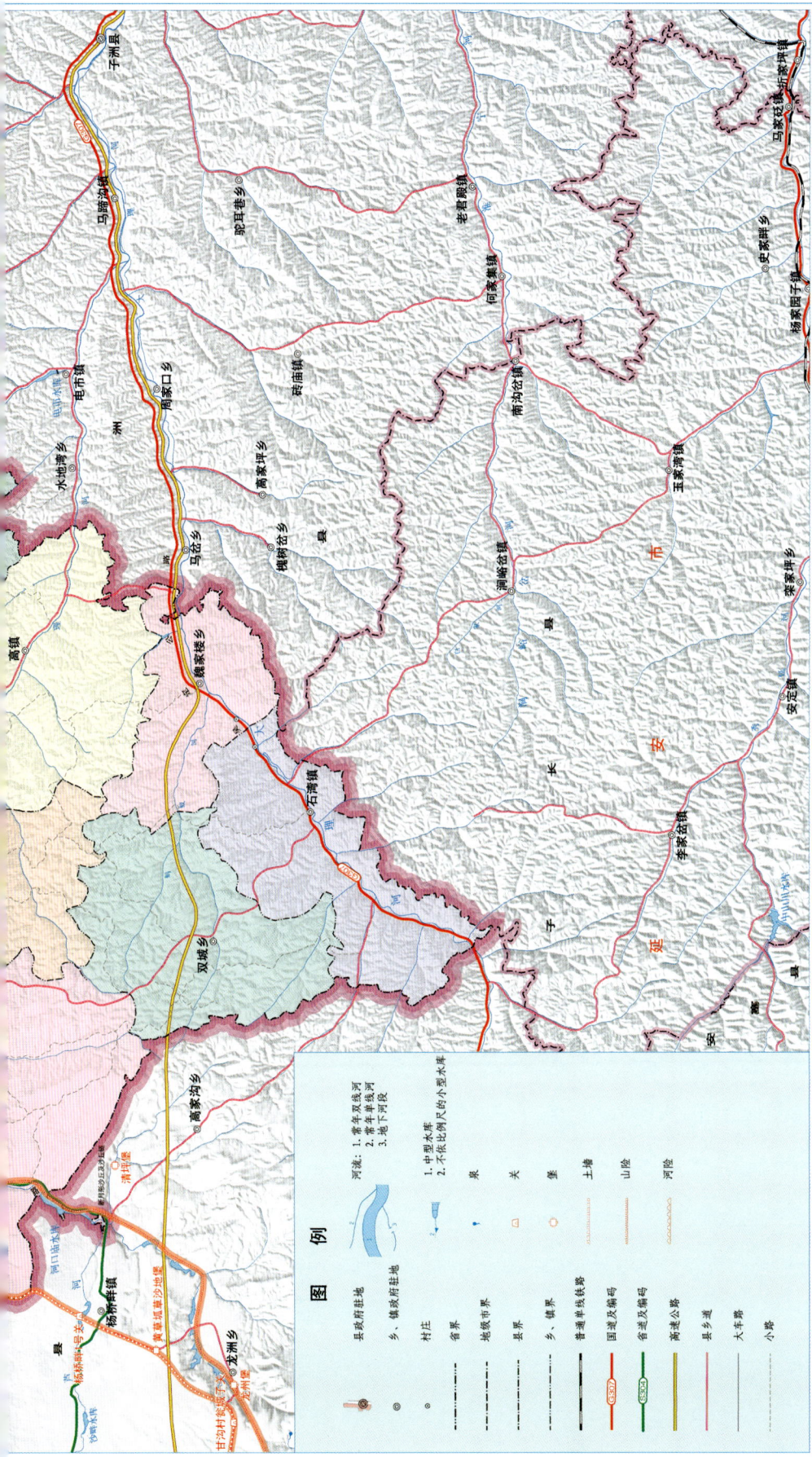

子洲县
马蹄沟镇
驼耳巷乡
老君殿镇
马家砭镇斩家坡镇
史家洼乡
杨家园子镇
史家畔乡
电市镇
雷家坪乡
南塔乡
周家口乡
砖庙镇
何家集镇
水地湾乡
南沿沟镇
商家坪乡
马岔乡
横树岔镇
横山县
玉家湾镇
魏家楼乡
涧峪岔镇
子长县
荣家坪乡
石湾镇
安定镇
双湖乡
李家岔镇
延安市
商家沟乡
清涧县
杨桥畔镇
龙洲乡
安塞县

图 例

县政府驻地
乡、镇政府驻地
村庄
省界
地级市界
县界
乡、镇界
普通单线快铁
国道及编码 (G307)
省道及编码 (S304)
高速公路
县乡道
大车道
小路

河流：1. 常年双线河
　　　2. 常年单线河
　　　3. 地下河段
1. 中型水库
2. 不依比例尺的小型水库
泉
关
堡
土墩
山险
河险

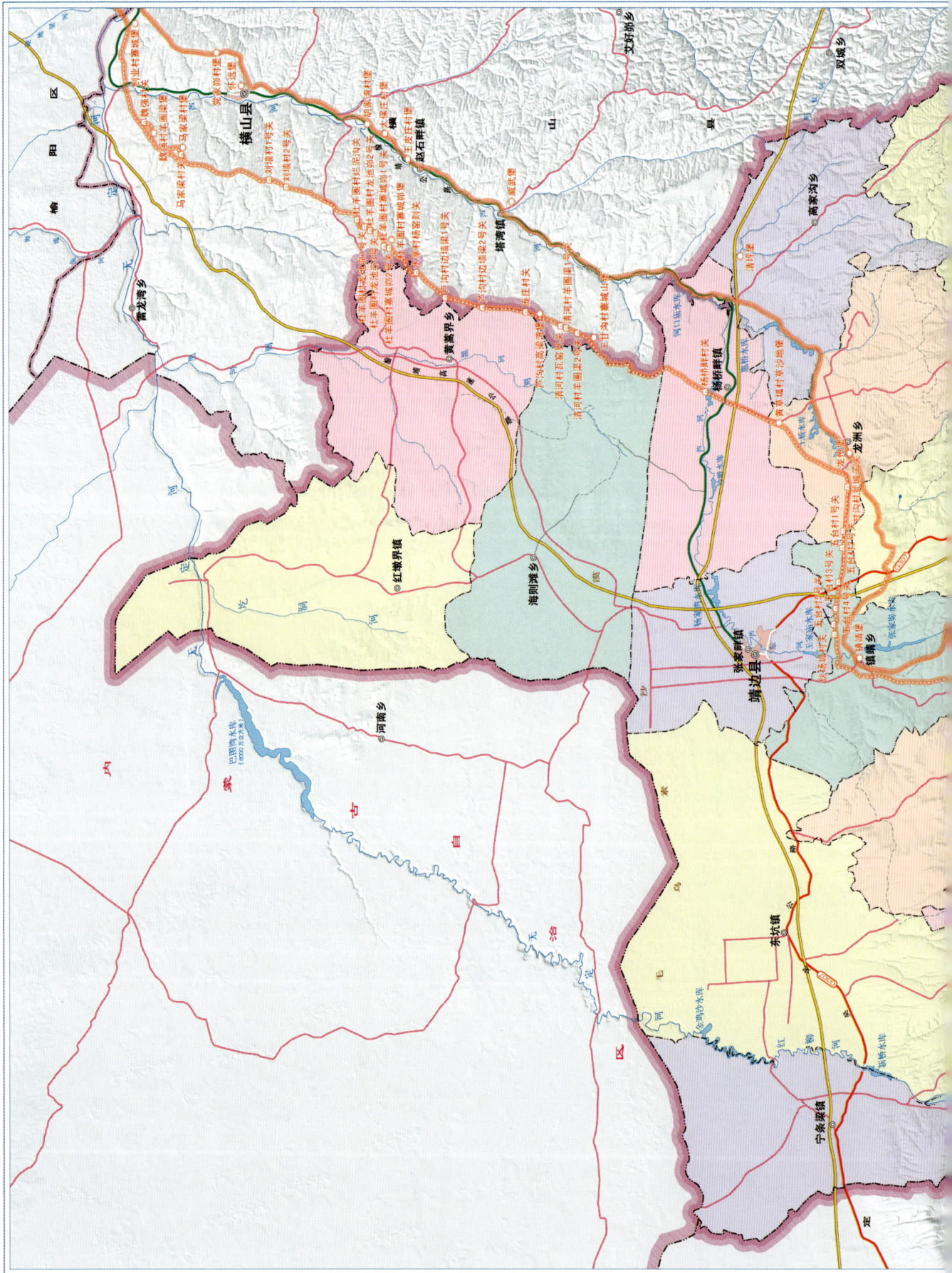

横山县

榆阳区

双城乡

艾好峁乡
怀远堡

富龙湾乡

横山县

横山镇

山

县

商家沟乡

清河堡
威武堡

塔湾镇

黄蒿界乡

杨桥畔镇

龙洲乡

红墩界镇

海则滩乡

靖边县

张家畔镇

张家畔镇

镇靖乡

河南乡

巴图湾水库
(6000万立方米)

内

蒙

古

自

治

区

东坑镇

宁条梁镇

金鸡沙水库

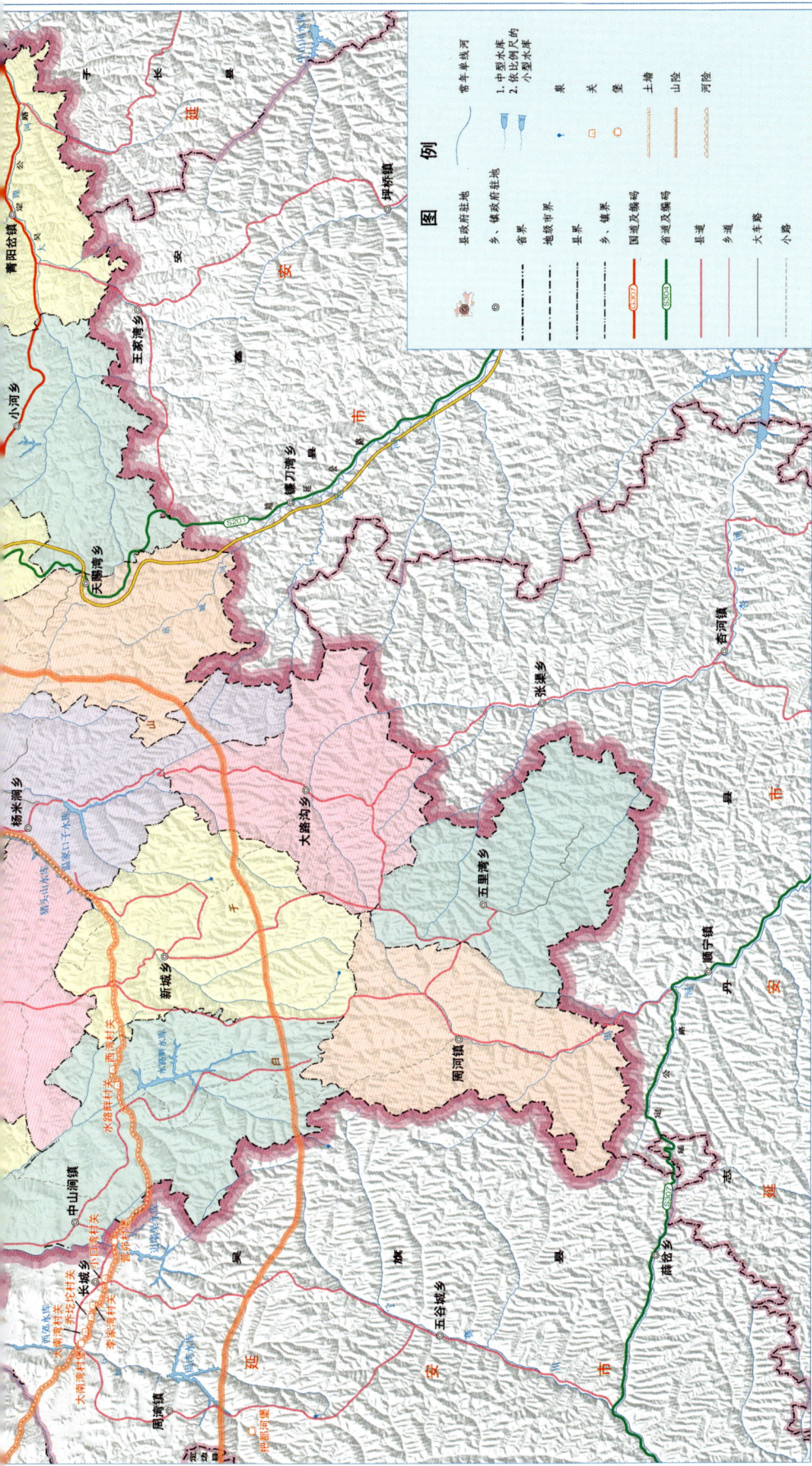

图 例

◎	县政府驻地
◎	乡、镇政府驻地
	省界
	地级市界
	县界
	乡、镇界
G307	国道及编码
SS04	省道及编码
	县道
	乡道
	大丰路
	小路
	常年单线河
	中型水库
	1.依比例尺的 2.小型水库
	泉
	关
	堡
	土墩
	山险
	河险

0　4.2　8.4　12.6 千米

地图六　靖边县明长城分布图

青阳岔镇　坪桥镇　王家湾乡　小河乡　天赐湾乡　镟刀湾乡　张渠乡　杏河镇　大路沟乡　五里湾乡　杨米涧乡　新城乡　周河镇　顺宁镇　中山涧镇　蒋岔乡　五谷城乡　周湾镇

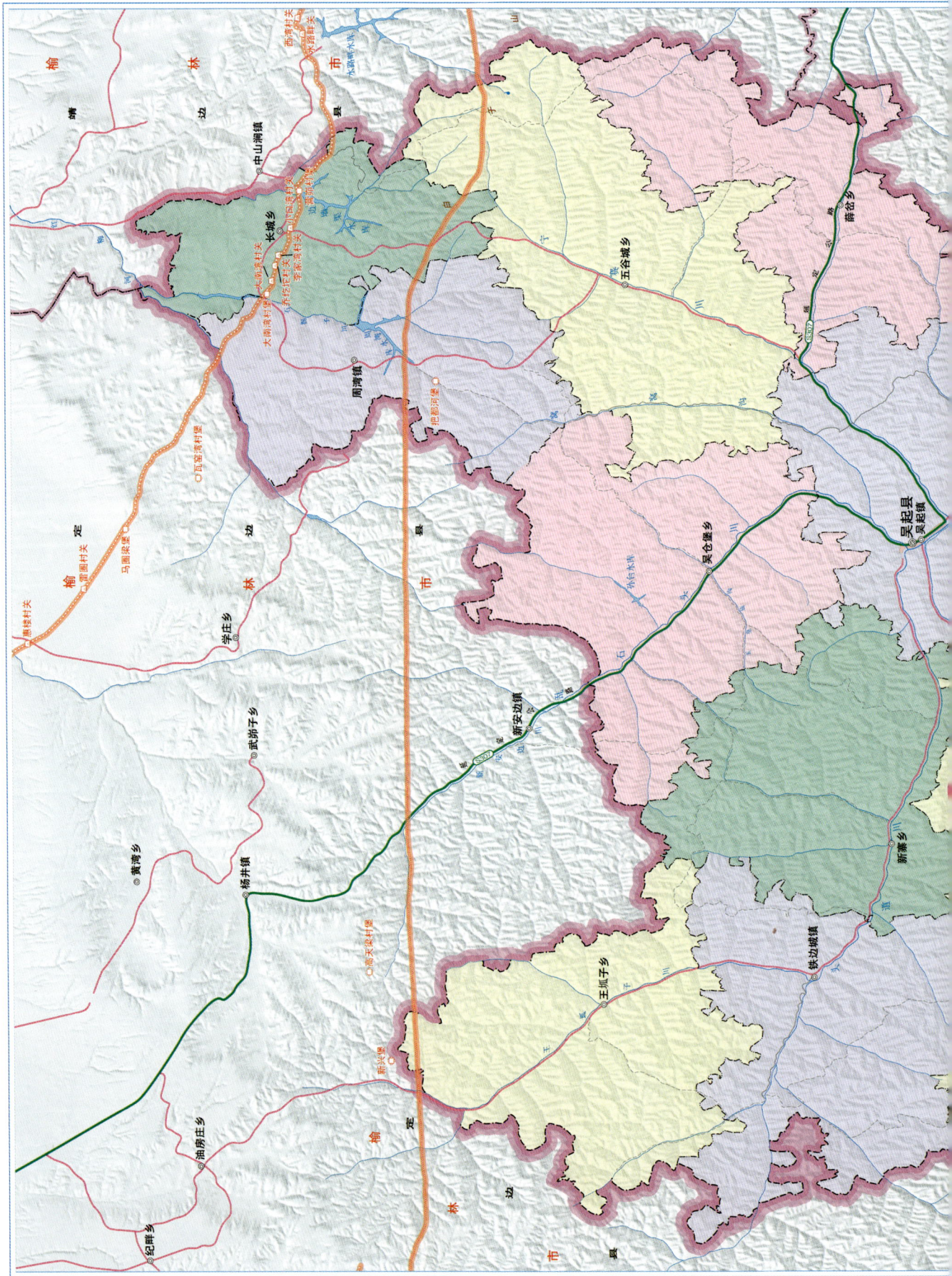

榆　林　市

榆阳区

中山涧镇

长城乡

西葫村关
吓路鲜关

五谷城乡

南岔乡

大南沟村关
齐齐沟村关
军家洼村堡

周湾镇

把都河堡

吴起县

定

把都河堡

吴起镇

榆

瓦窑湾村堡

马圆梁堡

惠桥村关
惠桥村堡

林

学庄乡

吴仓堡乡

新安边镇

市

武岗子乡

县

新寨乡

黄湾乡

杨井镇

铁边城镇

纪畔乡

油房庄乡

宋家沟村堡

王洼子乡

新兴堡

榆　林　市

定
边
县

1326

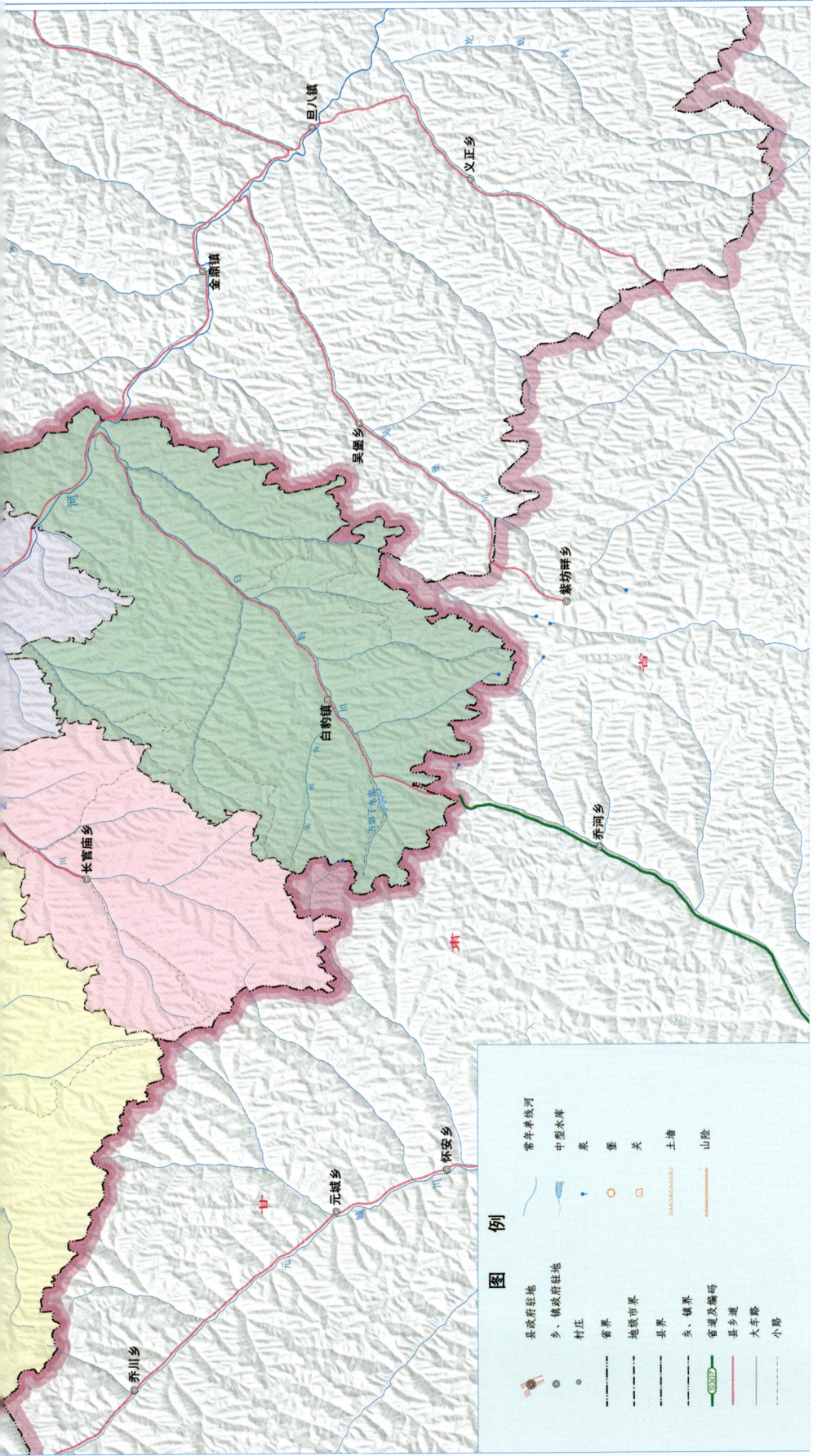

旦八镇

义正乡

金鼎镇

吴堡乡

紫坊畔乡

乔河乡

白豹镇

长官庙乡

怀安乡

元城乡

赤川乡

图 例

县政府驻地	
乡、镇政府驻地	
村庄	
省界	
地级市界	
县界	
乡、镇界	
省道及编码	
县乡道	
大车路	
小路	

常年单线河	
中型水库	
泉	
堡	
关	
土墙	
山险	

城川苏木

珠和苏木

内 蒙 古 自 治 区

索

宁条梁镇

郝滩乡

堆子梁镇

石洞沟乡

马面梁村夫

学庄乡

安边堡
西园则村夫
安边镇
惠桥村夫
雷圈梁村夫

武师子乡

白泥井镇

西园则村夫
韩富子村堡

杨井乡

黄湾乡

杨井镇

砖井堡
砖井镇

油房庄乡

周台子乡

红井堡

高庄连村堡

定边县
樊学镇
定边镇
李圆村堡

白湾子镇

盐场堡乡

红柳沟镇

红柳沟村堡
李营子村堡

冯地坑乡

内 蒙 古 自 治 区

宁 夏 回 族 自 治

1328

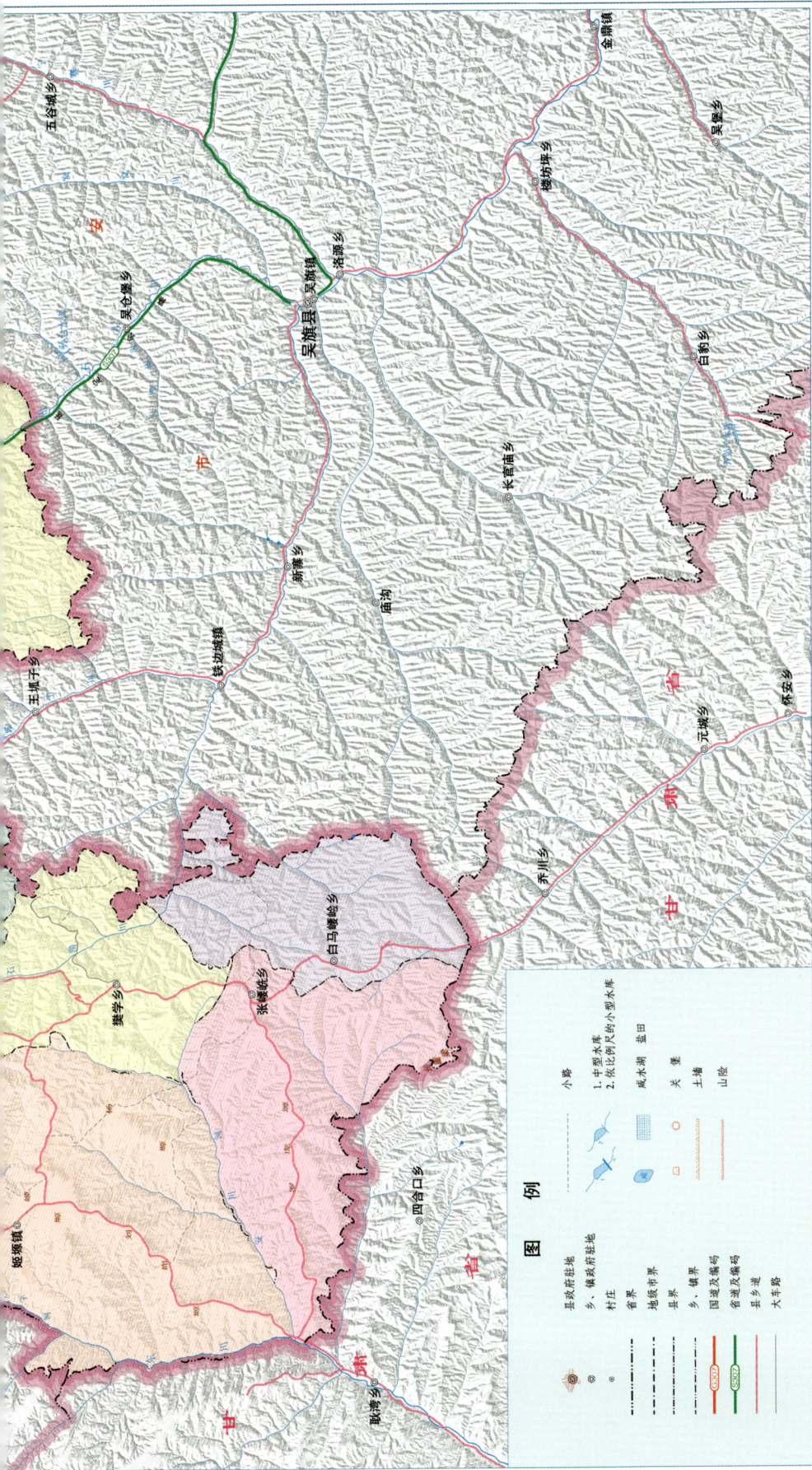

图例

县政府驻地
乡、镇政府驻地
村庄
省界
地级市界
县界
乡、镇界
国道及编号
省道及编号
县乡道
大车路
小路
1. 中型水库
2. 依比例尺的小型水库
咸水湖 盐田
堡
土墙 关堡
山险

0   4.8   9.6   14.4千米 地图八 定边县明长城分布图

彩图一　府谷县麻镇胡家梁村西崾长城（西北—东南）

彩图二　府谷县哈镇旧巴州村长城（西—东）

彩图三　府谷县清水乡青椿峁村长城（西—东）

彩图四　府谷县清水乡堡子村长城（东—西）

彩图五　府谷县赵五家湾乡翟家梁村长城（北—南）

彩图六 府谷县三道沟乡玉则壕村长城 2 段（东北—西南）

彩图七　府谷县新民镇城峁村长城（东—西）

彩图八　府谷县麻镇黄甫川东岸敌台（西南—东北）

彩图九 府谷县哈镇火把梁村 2 号敌台（东—西）

彩图一〇 府谷县赵五家湾乡翟家梁村 1 号敌台（北—南）

彩图一一　府谷县赵五家湾乡翟家梁村 3 号敌台（西北—东南）

彩图一二　府谷县庙沟门镇王家梁村 1 号敌台（南—北）

彩图一三　府谷县庙沟门镇双圪通村 1 号敌台（东—西）

彩图一四　府谷县庙沟门镇引正通村敌台（北—南）

彩图一五　府谷县三道沟乡庙洼梁村 2 号敌台（西—东）

彩图一六　府谷县三道沟乡庙洼梁村3号敌台（北—南）

彩图一七　府谷县三道沟乡红崖峁村敌台（南—北）

彩图一八　府谷县三道沟乡玉则塌村2号敌台（西—东）

彩图一九 府谷县三道沟乡玉则墕村 3 号敌台（东—西）

彩图二〇 府谷县三道沟乡下玉则墕村敌台（东—西）

彩图二一　府谷县新民镇守口墩村 1 号敌台（东北—西南）

彩图二二　府谷县新民镇守口墩
　　　　村3号敌台（南—北）

彩图二三　府谷县新民镇守口墩
　　　　村4号敌台（南—北）

彩图二四　府谷县新民镇西耳村
　　　　2号敌台（西南—东北）

彩图二五　府谷县清水乡转角楼村马面（东北—西南）

彩图二六　府谷县庙沟门镇蒿地峁村3号马面（西—东）

彩图二七　府谷县麻镇麻二村烽火台（东北—西南）

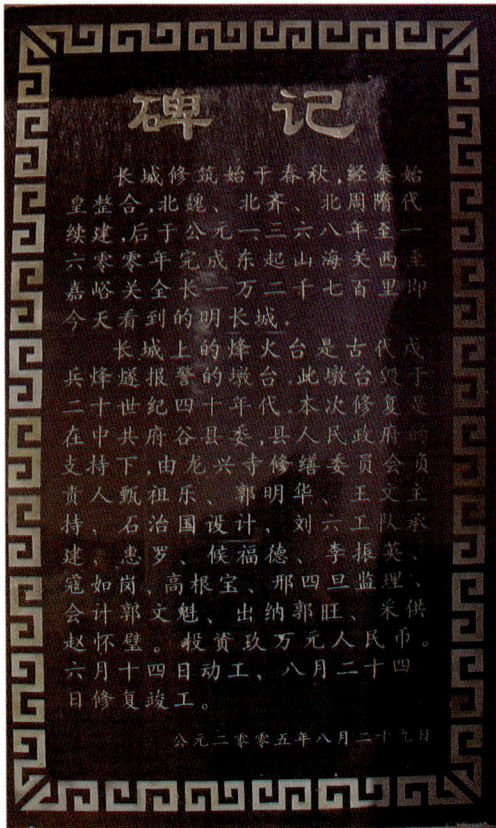

碑　记

长城修筑始于春秋，经秦始皇整合，北魏、北齐、北周隋代续建，后于公元一三六八年至一六零零年完成东起山海关西至嘉峪关全长一万二千七百里即今天看到的明长城。

长城上的烽火台是古代戍兵烽燧报警的墩台，此墩台毁于二十世纪四十年代。本次修复是在中共府谷县委，县人民政府的支持下，由龙兴寺修缮委员会负责人甄祖乐、郭明华、王文主持，石治国设计，刘六工队承建。惠罗、候福德、李振英、寇如岗、高根宝、邢四旦监理、会计郭文魁、出纳郭旺、采供赵怀璧。投资玖万元人民币。六月十四日动工，八月二十四日修复竣工。

公元二零零五年八月二十九日

彩图二八　府谷县麻镇麻二村烽火台碑记（南—北）

彩图二九　府谷县麻镇杨家峁村 4 号烽火台（西北—东南）

1344

彩图三〇　府谷县麻镇陈庄则村烽火台（西南—东北）

彩图三一　府谷县麻镇杨家峁村6号烽火台（东—西）

彩图三二　府谷县清水乡转角楼村 3 号烽火台（东南—西北）

彩图三三　府谷县清水乡转角楼村 3 号烽火台（东北—西南）

彩图三四　府谷县清水乡转角楼村 3 号烽火台
局部（东—西）

彩图三五　府谷县清水乡凤凰塔村 3 号烽火台（南—北）

彩图三六　府谷县清水乡傅家崖窑村 3 号烽火台（东—西）

彩图三七　府谷县赵五家湾乡翟家梁村烽火台（东—西）

彩图三八　府谷县木瓜乡玉子梁村 3 号烽火台（东—西）

彩图三九　府谷县木瓜乡王家梁村 3 号烽火台（南—北）

彩图四○　府谷县庙沟门镇双圪堵村烽火台（西南—东北）

彩图四一　府谷县庙沟门镇引正通村烽火台（南—北）

彩图四二　府谷县三道沟乡前口则村 2 号烽火台（东—西）

彩图四三　府谷县三道沟乡庙洼梁村 2 号烽火台内部（南—北）

彩图四四　府谷县三道沟乡斩材墩村 3 号烽火台（南—北）

彩图四五　府谷县三道沟乡野猪崞村
　　　　　1号烽火台（南—北）

彩图四六　府谷县三道沟乡下玉则墕
　　　　　村3号烽火台（南—北）

彩图四七　府谷县新民镇龙王庙村
　　　　　1号烽火台（南—北）

彩图四八　府谷县新民镇龙王庙村 2 号烽火台（东北—西南）

彩图四九　府谷县新民镇龙王庙村 2 号烽火台内部（一）

彩图五〇　府谷县新民镇龙王庙村 2 号烽火台内部（二）

彩图五一　府谷县新民镇蛇口峁村 1 号烽火台（西—东）

彩图五二　府谷县新民镇蛇口峁村 2 号烽火台（东—西）

彩图五三　府谷县新民镇城峁村 1 号烽火台（南—北）

彩图五四　府谷县新民镇城峁村 2 号烽火台（东—西）

彩图五五　府谷县新民镇城峁村 3 号烽火台全景（东南—西北）

彩图五六　府谷县新民镇城峁村 3 号烽火台（西—东）

彩图五七　府谷县新民镇城峁村 4 号烽火台（东—西）

彩图五八　府谷县新民镇西耳村关
（一）（东—西）

彩图五九　府谷县新民镇西耳村关
（二）（东南—西北）

彩图六〇　府谷县新民镇西耳村关

彩图六一　府谷县新民镇城峁村关（南—北）

彩图六二　府谷县新民镇城峁村关内烽火台（南—北）

彩图六三　府谷县三道沟乡斩材墩村堡（东南—西北）

彩图六四　府谷县木瓜乡古城村遗址（西南—东北）

彩图六五　府谷县墙头乡尧峁村 1 号烽火台（南—北）

彩图六六　府谷县墙头乡尧峁村 2 号烽火台（东南—西北）

彩图六七　府谷县黄甫镇高家塌村1号烽火台（南—北）

彩图六八　府谷县黄甫镇字坪村2号烽火台（西—东）

彩图六九　府谷县清水乡清水村 2 号烽火台（东—西）

彩图七〇　府谷县清水乡慢塔村烽火台（南—北）

彩图七一　府谷县孤山镇郝家畔村烽火台（东南—西北）

彩图七二　府谷县新民镇万家墩村1号烽火台（东南—西北）

彩图七三　府谷县孤山镇
小沙梁村烽火台（东—西）

彩图七五　府谷县墙头乡墙头村长城遗存（西—东）

彩图七四　府谷县孤山镇墩墕村烽火台（南—北）

彩图七六　府谷县墙头乡墙头村长城遗存（局部）

彩图七七　府谷县墙头乡墙头村长城遗存（东北—西南）

彩图七八 府谷县黄甫镇高家塔村石窑梁石窟全景

彩图七九　府谷县黄甫镇高家峁村石窟梁 1 号窟（南—北）

彩图八〇　府谷县黄甫镇高家峁村石窟梁 1 号窟局部

彩图八一　府谷县黄甫镇高家峁村石窟梁 2 号窟（南—北）

彩图八二　府谷县黄甫镇高家峁村石窟梁 2 号窟局部

彩图八三　府谷县黄甫镇高家墕村石窑梁 3 号窟（南—北）

彩图八四　府谷县黄甫镇高家墕村石窑梁 4 号窟（南—北）

彩图八五　府谷县黄甫镇高家墕村石窑梁 5 号窟（南—北）

彩图八六　府谷县田家寨乡庙峁遗址石柱础

1. 石斧（庙峁遗址）

2. 字砖（黄甫村 3 号烽火台）

3. 瓷碗 1（桑园梁村烽火台）

4. 瓷碗 2（桑园梁村烽火台）

5. 陶罐 1（党家畔村墩梁烽火台）

6. 陶罐 2（党家畔村墩梁烽火台）

7. 陶罐 3（党家畔村墩梁烽火台）

8. 陶罐 4（党家畔村墩梁烽火台）

9. 陶灶（党家畔村墩梁烽火台）

10. 陶壶口沿（党家畔村墩梁烽火台）

11. 瓷碗（万家墩村 2 号烽火台）

彩图八八　神木县神木镇泥河村长城 1 段
（南—北）

彩图八九　神木县神木镇泥河村长城 1 段
（西—东）

彩图九○　神木县神木镇泥河村长城 2 段
局部（南—北）

彩图九一　神木县解家堡乡大柏油堡村长城（北—南）

彩图九二　神木县高家堡镇冯地峁村长城3段（东—西）

彩图九三　神木县高家堡镇后喇嘛沟村山险（北—南）

彩图九四　神木县高家堡镇喇嘛沟村山险（北—南）

彩图九五　神木县高家堡镇喇嘛河村山险（北—南）

彩图九六　神木县高家堡镇玄路塔长城（东北—西南）

彩图九七　神木县高家堡镇草湾沟村长城4段（西南—东北）

彩图九八　神木县乔岔滩乡水掌村长城1段（西—东）

彩图九九　神木县乔岔滩乡水掌村长城 2 段（东—西）

彩图一〇〇　神木县店塔镇水头沟村敌台（东北—西南）

彩图一〇一　神木县店塔镇水头沟村敌台内部

彩图一〇二　神木县神木镇青草沟村石窑沟组敌台（西—东）

彩图一〇三　神木县神木镇青草沟村3号敌台（东—西）

彩图一〇四　神木县神木镇连庄村3号敌台（西北—东南）

彩图一○五　神木县店塔镇土墩梁村 1 号敌台（北—南）

彩图一〇六　神木县店塔镇杨家城村 3 号敌台（东南—西北）

彩图一〇七　神木县店塔镇杨家城村 6 号敌台（东—西）

彩图一〇八　神木县店塔镇杨家城村 6 号敌台（局部）（东—西）

彩图一〇九　神木县神木镇泥河村 3 号敌台（西—东）

彩图一一〇　神木县神木镇石圪子村
2号敌台（东南—西北）

彩图一一一　神木县神木镇石圪子村2号敌台（局部）

彩图一一二　神木县神木镇石圪子村2号敌台（顶部）

彩图一一三　神木县神木镇石堡墕敌台（南—北）

彩图一一四　神木县神木镇五龙口敌台（东—西）

彩图一一五　神木县神木镇五龙口敌台题字（东—西）

彩图一一六　神木县麻家塔乡滴水崖村3号敌台（东—西）

彩图一一七　神木县神木镇墩梁峁敌台（西—东）

彩图一一八　神木县解家堡镇杨家山村 4 号敌台（西—东）

彩图一一九　神木县解家堡乡山峰则村 4 号敌台（南—北）

彩图一二〇　神木县解家堡乡山峰则村 4 号敌台匾额铭文（局部）

彩图一二一 神木县高家堡镇奥庄则村 4 号敌台（南—北）

彩图一二二　神木县高家堡镇后喇嘛沟 2 号敌台（南—北）

彩图一二三　神木县乔岔滩乡水掌村 1 号敌台（北—南）

彩图一二四　神木县乔岔滩乡水掌村 2 号敌台（西—东）

彩图一二五　神木县解家堡乡大柏堡村1号马面（南—北）

彩图一二六　神木县解家堡乡万家沟村马面（西南—东北）

彩图一二七　神木县高家堡镇西边墙村马面（西—东）

彩图一二八　神木县高家堡镇凉水井村马面（北—南）

彩图一二九　神木县乔岔滩乡水掌村马面（东—西）

彩图一三〇　神木县店塔镇水头沟村 2 号烽火台（西北—东南）

彩图一三一　神木县神木镇连庄村烽火台（南—北）

彩图一三二　神木县神木县店塔镇板墩塌村烽火台（西—东）

彩图一三三　神木县店塔镇石则嶗村 2 号烽火台（南—北）

彩图一三四　神木县店塔镇杨家城村 1 号烽火台（南—北）

彩图一三五　神木县神木镇青杨岭村 2 号烽火台（南—北）

彩图一三六　神木县高家堡镇口则上村 1 号烽火台（西—东）

彩图一三七　神木县高家堡乡奥庄则村 1 号烽火台（东—西）

彩图一三八　神木县神木镇沙石岭关（东—西）

彩图一三九　神木县乔岔滩乡水掌村1号关（东—西）

彩图一四○　神木县乔岔滩乡水掌村1号关（东南—西北）

彩图一四一　神木县乔岔滩乡水掌村 2 号关（东—西）

彩图一四二　神木县乔岔滩乡水掌村 2 号关（东—西）

彩图一四三　神木县店塔镇杨家城村堡（一）（东—西）

彩图一四四　神木县店塔镇杨家城村堡（二）（东—西）

彩图一四五　神木县解家堡乡山峰则村卧虎寨堡（西南—东北）

彩图一四六　神木县解家堡乡山峰则村卧虎寨堡（南—北）

彩图一四七　神木县解家堡乡
山峰则堡局部

彩图一四八　神木县神木镇青
杨岭村1号砖窑遗存（西—东）

彩图一四九　神木县解家堡乡
山峰则村2号砖窑遗存（局部）

彩图一五〇　神木县解家堡乡黑家圪垯村遗存（南—北）

彩图一五一　神木县解家堡乡黑家圪垯村遗存塑像

彩图一五二　神木县解家堡乡窑湾村石窟遗存（东—西）

彩图一五三　神木县解家堡乡窑湾村石窟遗存内部（南—北）

彩图一五四　神木县解家堡乡窑湾村石窟遗存内部（东—西）

彩图一五五　神木县店塔镇杨家城村 1 号烽火台标本

彩图一五六　神木县解家堡乡大柏油村 3 号敌台南侧石碑

彩图一五七　神木县神木镇曹庄村～杨石畔村山险（东—西）

彩图一五八　神木县神木镇杨石畔村山险墙（一）（北—南）

彩图一五九　神木县神木镇杨石畔村山险墙（二）（北—南）

彩图一六〇　神木县解家堡乡庄则梁村～斜马沟村山险（东北—西南）

彩图一六一　神木县神木镇杨石畔村 2 号敌台（西—东）

彩图一六二　神木县神木镇杨石畔村 2 号敌台顶部

彩图一六三　神木县神木镇前南梁敌台（西—东）

彩图一六四　神木县高家堡镇青阳村岔敌台（北—南）

彩图一六五　神木县高家堡镇康石畔村敌台（东—西）

彩图一六六　神木县高家堡镇康家坬村 2 号敌台（东—西）

彩图一六七　神木县神木镇王龙沟村烽火台（西—东）

彩图一六八　神木县神木镇二十里墩村烽火台（南—北）

彩图一七〇　榆阳区麻黄梁镇新墩村长城 1 段 (东—西)

彩图一七一　榆阳区麻黄梁镇李家峁村长城1段断点1(东—西)

彩图一七二　榆阳区麻黄梁镇李家峁村长城1段断点2（东—西）

彩图一七三　榆阳区麻黄梁镇麻黄梁村长城2段远景（西南—东北）

彩图一七四　榆阳区牛家梁镇常乐堡村长城 1 段（西—东）

彩图一七五　榆阳区牛家梁镇常乐堡村长城 1 段（北—南）

彩图一七六　榆阳区牛家梁镇常乐堡村河险（西—东）

彩图一七七　榆阳区牛家梁镇走马梁长城1段（东北—西南）

彩图一七八 榆阳区榆阳镇镇北台长城（东—西）

彩图一七九　榆阳区芹河乡十六台村长城1段（东—西）

彩图一八〇　榆阳区红石桥乡郑窑则村长城（西南—东北）

彩图一八一　榆阳区红石桥乡长城峰村长城（东北—西南）

彩图一八二　榆阳区大河塔乡
赵家峁村3号敌台（北—南）

彩图一八三　榆阳区麻黄梁镇新
墩村1号敌台（东—西）

彩图一八四　榆阳区麻黄梁镇
麻黄梁村2号敌台（北—南）

彩图一八五　榆阳区麻黄梁镇十八墩村 3 号敌台（北—南）

彩图一八六　榆阳区麻黄梁镇十八墩村 6 号敌台（西南—东北）

彩图一八七　榆阳区麻黄梁镇十八墩村 8 号敌台（东—西）

彩图一八八　榆阳区牛家梁镇刘家房子村 2 号敌台（南—北）

彩图一八九　榆阳区榆阳镇镇北台敌台（西—东）

彩图一九○　榆阳区大河塔乡海则沟村6号马面（西—东）

彩图一九一　榆阳区大河塔乡兰家峁村马面（东—西）

彩图一九二　榆阳区麻黄梁镇毛羊圈村 2 号马面（东北—西南）

彩图一九三　榆阳区麻黄梁镇西河
村马面（西—东）

彩图一九四　榆阳区牛家梁镇刘家
房子村4号马面（西—东）

彩图一九五　榆阳区牛家梁镇三台
界村3号马面（西—东）

彩图一九六　榆阳区牛家梁镇塌崖畔村 3 号马面（北—南）

彩图一九七　榆阳区牛家梁镇走马梁 5 号马面（西—东）

彩图一九八　榆阳区榆阳镇吴家梁村 1 号马面（东—西）

彩图一九九　榆阳区榆阳镇口子队村3号马面（东北—西南）

彩图二〇〇　榆阳区榆阳镇谷地峁村3号马面（东北—西南）

彩图二〇一　榆阳区芹河乡三十台村1号马面（西—东）

彩图二〇二　榆阳区芹河乡三十
　　　　台村 3 号马面（西—东）

彩图二〇三　榆阳区芹河乡三十
　　　　台村 4 号马面（西—东）

彩图二〇四　榆阳区大河塔乡赵
　　　　家峁村烽火台（北—南）

彩图二〇五　榆阳区麻黄梁镇新墩村 1 号烽火台（东南—西北）

彩图二〇六　榆阳区麻黄梁镇谢家梁村烽火台（西南—东北）

彩图二〇七　榆阳区芹河乡十六台村烽火台（南—北）

彩图二〇八　榆阳区芹河乡三十台村烽火台（南—北）

彩图二〇九　榆阳区红石桥乡长城峰村2号烽火台（南—北）

彩图二一〇　榆阳区麻黄梁镇六墩村关（西—东）

彩图二一一　榆阳区麻黄梁镇六墩村关（东—西）

彩图二一二　榆阳区麻黄梁镇
十八墩村关（南—北）

彩图二一三　榆阳区芹河乡
三十台村关（西东）

彩图二一四　榆阳区大河塔乡
赵家峁村堡（西—东）

彩图二一五　榆阳区麻黄梁镇李家峁村堡（南—北）

彩图二一六　榆阳区麻黄梁镇李家峁村堡（北—南）

彩图二一七　榆阳区麻黄梁镇
梁塌堡（东—西）

彩图二一九　榆阳区麻黄梁镇七山村堡（西—东）

彩图二一八　榆阳区麻黄梁镇万家梁墕堡南门内（北—南）

彩图二二〇　榆阳区麻黄梁镇七山村堡南围墙（西—东）

彩图二二一　榆阳区榆阳镇红石峡摩崖石刻（一）（北—南）

彩图二二二　榆阳区榆阳镇红石峡摩崖石刻（二）（东—西）

彩图二二三　榆阳区榆阳镇红石峡摩崖石刻（三）（东—西）

彩图二二四　横山县横山镇无定河河险（北—南）

彩图二二五　横山县横山镇创业村～边墙壕村长城（东南—西北）

彩图二二六　横山县横山镇边墙壕村～魏强村长城（东—西）

彩图二二七　横山县横山镇张墙村长城（东—西）

彩图二二八　横山县横山镇刘墙村长城 2 段远景（北—南）

彩图二二九　横山县横山镇高峰村长城（南—北）

彩图二三〇　横山县横山镇曹阳湾村～杜羊圈村烂泥沟长城（南—北）

彩图二三一　横山县赵石畔镇杜羊圈村龙池峁长城（南—北）

彩图二三二　横山县横山镇边墙壕村1号敌台（东—西）

彩图二三三　横山县横山镇边墙壕村2号敌台（西北—东南）

彩图二三四　横山县塔湾镇边墙梁村 1 号敌台（东南—西北）

彩图二三五　横山县波罗镇龙泉墩村 5 号马面（西—东）

彩图二三六　横山县波罗镇双河村 2 号马面（北—南）

彩图二三七　横山县波罗镇四台湾村 3 号马面（东北—西南）

彩图二三八　横山县横山镇王圪堵村2号马面（西北—东南）

彩图二三九　横山县横山镇魏强村2号马面（西—东）

彩图二四〇　横山县横山镇魏强村 6 号马面（西南—东北）

彩图二四一　横山县雷龙湾乡张沙塔村马面（东北—西南）

彩图二四二　横山县横山镇高峰村马面（西北—东南）

彩图二四三　横山县赵石畔镇杜羊圈村龙池峁 2 号马面（西北—东南）

彩图二四四　横山县赵石畔镇水掌村杨窑则1号马面（北—南）

彩图二四五　横山县塔湾镇卢沟村庞庄2号马面（南北）

彩图二四六　横山县塔湾镇石井
村龙口界马面（北—南）

彩图二四七　横山县波罗镇双河
村1号烽火台（西—东）

彩图二四八　横山县横山镇王圪
堵村烽火台（西—东）

彩图二五〇　横山县横山镇张墙村 3 号烽火台（北—南）

彩图二五一　横山县横山镇高峰村 2 号烽火台（南—北）

彩图二五二　横山县塔湾镇羊圈渠村砖墩梁烽火台（南—北）

彩图二五四　横山县赵石畔镇杜羊圈村烂泥沟关（西—东）

彩图二五五　横山县波罗镇双河村堡（北—南）

彩图二五三　横山县横山镇刘墙村2号关（西—东）

彩图二五六　横山县波罗镇双河村堡（西南—东北）

彩图二五七　横山县横山镇创业村寨城堡（东南—西北）

彩图二五八　横山县横山镇创业村寨城堡局部

彩图二五九　横山县赵石畔镇杜羊圈村寨城峁堡（东—西）

彩图二六〇　横山县响水镇响水堡东南角烽火台（东北—西南）

彩图二六一　横山县波罗镇小咀村2号烽火台（西—东）

彩图二六二　横山县横山镇魏家峁村烽火台（东北—西南）

彩图二六三　横山县横山镇石窑则村烽火台（北—南）

彩图二六四　横山县赵石畔镇王皮庄村 1 号烽火台（西—东）

彩图二六五　横山县赵石畔镇贺马畔村墩山烽火台（北—南）

彩图二六六　横山县塔湾镇付园则村烽火台（北—南）

彩图二六七　横山县塔湾镇墩渠村前房则烽火台（东—西）

彩图二六八　横山县横山镇杨园子村烽火台（西南—东北）

彩图二六九　横山县横山镇党家峁村堡（北—南）

彩图二七〇　横山县横山镇党家峁村堡（西北—东南）

彩图二七一　横山县横山镇党家峁村堡局部

彩图二七二　横山县赵石畔镇太保庄村堡（北—南）

彩图二七三　横山县赵石畔镇塔湾村遗址部分陶片

彩图二七五　靖边县龙洲乡黄草峁村长城3段（南—北）

彩图二七六　靖边县镇靖乡五台村长城5段（东—西）

彩图二七七　靖边县镇靖乡伙场圪村长城1段（西—东）

彩图二七八　靖边县镇靖乡
伙场圪长城村2段（西—东）

彩图二七九　靖边县新城乡
张天赐村长城1段（东—西）

彩图二八○　靖边县中山涧
乡西湾村长城1段（西—东）

彩图二八一　靖边县中山涧
西湾村长城2段（东—西）

彩图二八二　靖边县中山涧乡水路畔村长城 1 段（北—南）

彩图二八三　靖边县中山涧乡水路畔村长城 2 段（西—东）

彩图二八四　靖边县龙洲乡黄草圪村 3 号敌台（南—北）

彩图二八五　靖边县龙洲乡黄草圪村 4 号敌台（东—西）

彩图二八六　靖边县镇靖乡五台村 3 号敌台（西南—东北）

彩图二八七　靖边县新城乡张天赐村1号敌台（西—东）

彩图二八八　靖边县中山涧乡西湾村2号敌台（北—南）

彩图二八九　靖边县中山涧乡水路畔村 3 号敌台（东—西）

彩图二九〇　靖边县中山涧乡鸦巷1号敌台（西南—东北）

彩图二九一　靖边县中山涧乡郝渠村敌台（西—东）

彩图二九二　靖边县海则滩乡王甘沟 3 号马面（南—北）

彩图二九三　靖边县杨桥畔镇杨桥畔 1 号马面（西北—东南）

彩图二九四　靖边县杨桥畔镇杨桥畔 6 号马面（西—东）

彩图二九五　靖边县镇靖乡五台村 3 号马面（东—西）

彩图二九六　靖边县镇靖乡五台村 7 号马面（西南—东北）

彩图二九七　靖边县新城乡张天赐 1 号马面（西北—东南）

彩图二九八　靖边县新城乡张天赐 2 号马面（东—西）

彩图二九九　靖边县新城乡张天赐 3 号马面（东南—西北）

彩图三〇〇　靖边县新城乡张天赐村 11 号马面（西南—东北）

彩图三〇一　靖边县海则滩乡王甘沟村 6 号烽火台（南—北）

彩图三〇二　靖边县镇靖乡伙场圪 1 号烽火台（东南—西北）

彩图三〇三　靖边县新城乡张天赐4号烽火台（西南—东北）

彩图三〇四　靖边县中山涧乡郝渠村烽火台（西南—东北）

彩图三〇五　靖边县中山涧乡水路畔关（西—东）

彩图三〇六　靖边县海则滩乡王甘沟寨城山堡（北—南）

彩图三〇七　靖边县海则滩乡王甘沟寨城山堡外墙（东—西）

彩图三〇八　靖边县乔沟湾乡银湾村 1 号敌台（南—北）

彩图三〇九　靖边县乔沟湾乡银湾村 2 号敌台（西—东）

彩图三一〇　靖边县乔沟湾乡银湾村 4 号敌台（西—东）

彩图三一一　靖边县高家沟乡大路沟烽火台（西—东）

彩图三一二　靖边县乔沟湾乡银湾村8号烽火台（西北—东南）

彩图三一三　靖边县乔沟湾乡银湾村11号烽火台（南—北）

彩图三一四　靖边县镇靖乡二道沟村烽火台（北—南）

彩图三一五　靖边县新城乡高粱湾村1号烽火台（西—东）

彩图三一六　靖边县新城乡高粱湾村 2 号烽火台（西—东）

彩图三一七　吴起县长城乡岱巷村墩梁长城（东—西）

彩图三一八　吴起县长城乡营峁村长城1段（东南—西北）

彩图三一九　吴起县长城乡营峁村长城2段（南—北）

彩图三二〇　吴起县长城乡边墙渠村长城 2 段（西—东）

彩图三二一　吴起县长城乡长城村长城（东—西）

彩图三二二　吴起县长城乡李家湾村长城（东—西）

彩图三二三　吴起县长城乡乔圪坨村长城（西—东）

彩图三二四　吴起县长城乡大南湾村长城（东北—西南）

彩图三二五　吴起县周湾镇东湾村长城1段（西—东）

彩图三二六　吴起县周湾镇东湾村长城2段（西—东）

彩图三二七　吴起县长城乡营峁村 1 号敌台（东—西）

彩图三二八　吴起县长城乡营峁村 3 号敌台（东南—西北）

彩图三二九　吴起县长城乡营峁村 6 号敌台（西南—东北）

彩图三三〇　吴起县长城乡长城村敌台（西南—东北）

彩图三三一　吴起县长城乡李家湾村 1 号敌台（南—北）

彩图三三二　吴起县长城乡大南湾村敌台（东南—西北）

彩图三三三　吴起县长城乡大南湾村敌台（东北—西南）

彩图三三四　吴起县周湾镇杨渠村4号敌台（西北—东南）

彩图三三五　吴起县五谷城乡羊羔崾崄村墩梁烽火台（西北—东南）

彩图三三六　吴起县长城乡墩洼村墩儿壕烽火台（西南—东北）

彩图三三七　吴起县周湾镇徐窑子村烽火台（南—北）

彩图三三八　定边县郝滩乡海子湾长城 2 段（东北—西南）

彩图三三九　定边县学庄乡新集村长城 2 段（东南—西北）

彩图三四〇　定边县学庄乡边墙山村长城（东南—西北）

彩图三四一　定边县学庄乡唐凹村长城（西北—东南）

彩图三四二　定边县安边镇西园则村长城2段（东南—西北）

彩图三四三　定边县安边镇西园则村长城3段（东北—西南）

彩图三四四　定边县砖井镇东台村长城1段（东南—西北）

彩图三四五　定边县砖井镇石井子村长城（东南—西北）

彩图三四六　定边县盐场堡乡二楼村长城1段（东南—西北）

彩图三四七　定边县盐场堡乡二楼村长城2段（东南—西北）

彩图三四八　定边县盐场堡乡北畔村长城（东北—西南）

彩图三四九　定边县贺圈镇辛圈村长城（南—北）

彩图三五〇　定边县安边镇马圈梁村 1 号敌台（西北—东南）

彩图三五一　定边县安边镇惠楼村 7 号敌台（东南—西北）

彩图三五二　定边县贺圈镇瓦渣梁村 1 号敌台（南—北）

彩图三五三　定边县贺圈镇郑圈村 1 号敌台（南—北）

彩图三五四　定边县贺圈镇何梁村8号敌台（南—北）

彩图三五五　定边县纪畔乡高庄洼村敌台（西南—东北）

彩图三五六　定边县白湾子镇小涧子村 2 号敌台（东南—西北）

彩图三五七　定边县白湾子镇小涧子村 3 号敌台（西—东）

彩图三五八　定边县王盘山乡郝庄村
2号敌台（南—北）

彩图三五九　定边县郝滩乡四路沟村
1号马面（北—南）

彩图三六〇　定边县郝滩乡四路沟村
4号马面（南—北）

彩图三六一　定边县学庄乡边墙山村 3 号马面（东南—西北）

彩图三六二　定边县安边镇惠楼村 2 号马面（东南—西北）

彩图三六三　定边县安边镇安寺村1号马面（东南—西北）

彩图三六四　定边县砖井镇西高圈村马面（西北—东南）

彩图三六五　定边县盐场堡乡
二楼村9号马面（东北—西南）

彩图三六六　定边县学庄乡新
集村1号烽火台（东南—西北）

彩图三六七　定边县安边镇马
圈梁村烽火台（北—南）

彩图三六八　定边县贺圈镇
新墩村烽火台（西北—东南）

彩图三六九　定边县安边
镇雷圈村关（东北—西南）

彩图三七〇　定边县安边
镇西园则村关（西—东）

彩图三七一　定边县安边镇安寺村堡（西南—东北）

彩图三七二　定边县安边镇韩窖子村堡（西北－东南）

彩图三七三　定边县贺圈镇辛圈村堡（东南－西北）

彩图三七四　定边县安边镇惠楼村壕沟1段（北—南）

彩图三七五　定边县安边镇惠楼村壕沟2段（南—北）

彩图三七六　定边县白湾子镇杨木匠台村长城（西南—东北）

彩图三七七　定边县白湾子镇杨木匠台村长城（西—东）

彩图三七八　定边县冯地坑乡西伙场村 2 号敌台（北—南）

彩图三七九　定边县红柳沟镇三山口村敌台（西北—东南）

彩图三八〇　定边县新安边镇徐崾崄村烽火台（西北—东南）

彩图三八一　定边县武峁子乡高庄村烽火台（西北—东南）

彩图三八二　定边县王盘山乡黄羊墩村烽火台（东南—西北）

彩图三八三　定边县白湾子镇杨木匠台村烽火台（南—北）

彩图三八四　定边县学庄乡崔井村堡（西南—东北）

彩图三八五　定边县冯地坑乡任塬村堡（西—东）